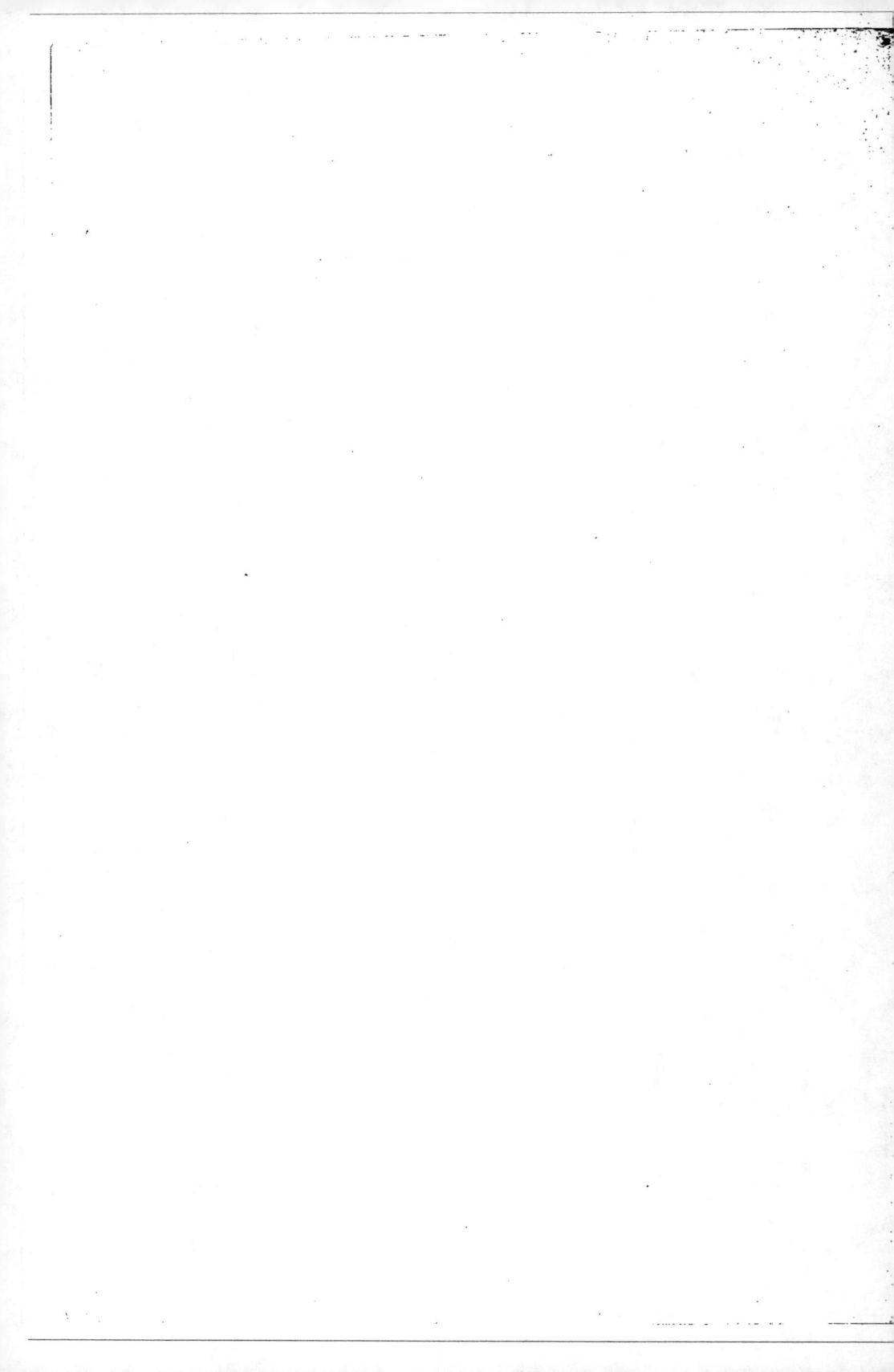

AMBULANCES SEDENTAIRES

DE LYON

PENDANT LA GUERRE DE 1870-1871

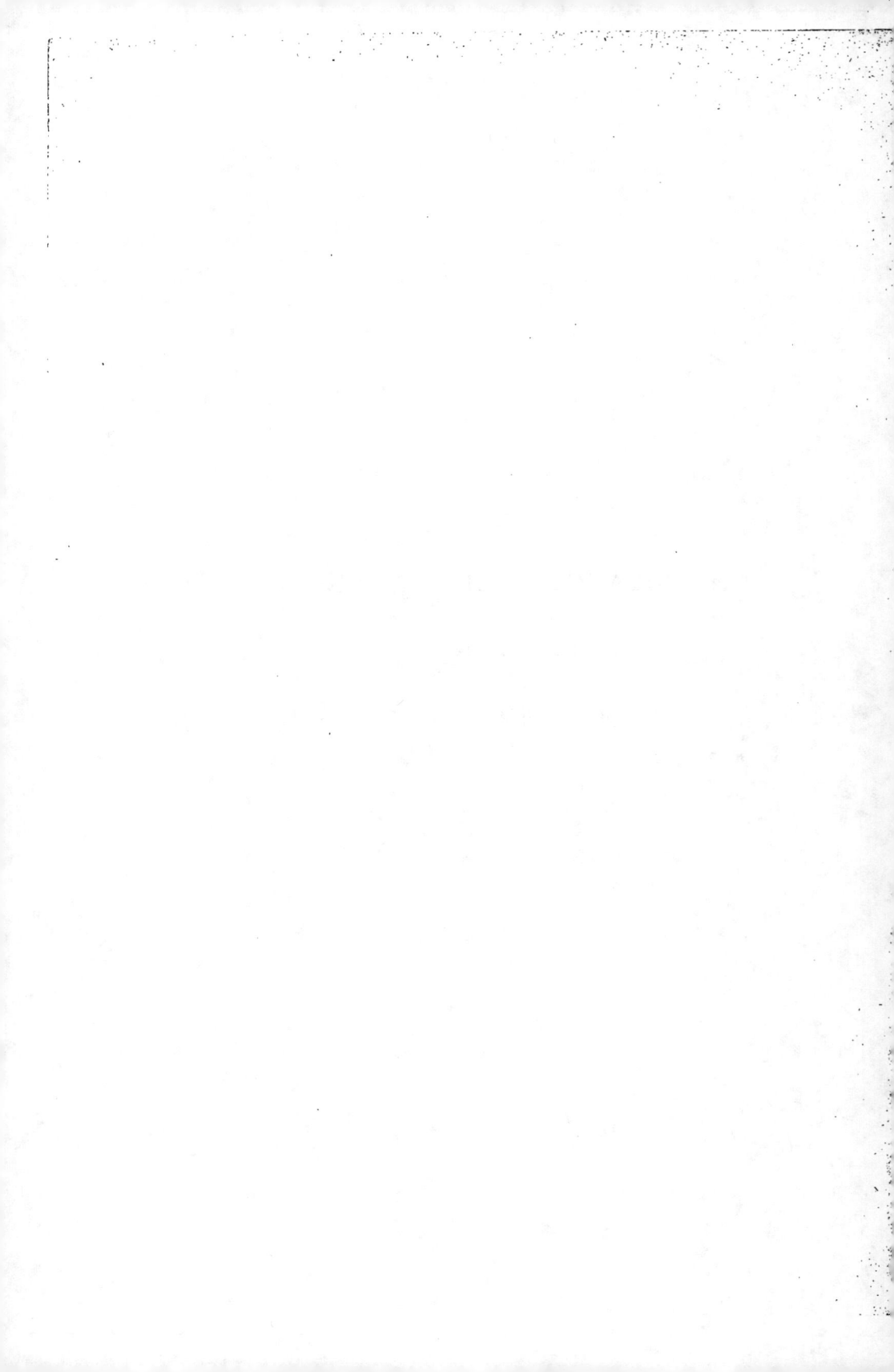

AMBULANCES SÉDENTAIRES

DE LYON

PENDANT LA GUERRE DE 1870-1871

PAR LE DOCTEUR DESGRANGES

Officier de la Légion-d'Honneur, Officier de l'Instruction publique
Vice-Président du Comité lyonnais de la Société de secours aux blessés et malades
des armées de terre et de mer
Ex-Chirurgien en chef de l'Hôtel-Dieu, Professeur à l'École de médecine de Lyon
Président de l'Académie des Sciences, Belles-Lettres et Arts
Et de la Société de médecine de la même ville
Président de l'Association des Médecins du Rhône, etc., etc.

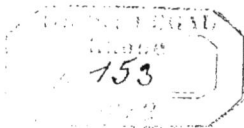

LYON

IMPRIMERIE DU SALUT PUBLIC

BELLON, RUE DE LYON, 33

—

1872

RAPPORT

PRÉSENTÉ

AU COMITÉ DIRECTEUR

Par le Docteur DESGRANGES

AU NOM

DE LA COMMISSION DES AMBULANCES SÉDENTAIRES

Messieurs,

Le *Comité Lyonnais* de secours aux blessés militaires, dès les premières hostilités, se proposa d'organiser des *Ambulances sédentaires*, favorisé dans son dessein par l'élan de généreux patriotisme dont notre ville a donné l'exemple.

Dans ce but, il institua une Commission chargée d'examiner et de meubler les locaux destinés aux ambulances, d'établir les rapports avec l'Intendance, de tenir la comptabilité, de régler l'emploi des fonds, d'*administrer*, en un mot, jusque dans les détails, cette branche importante de l'œuvre.

La Commission des Ambulances Sédentaires, — selon le vœu du Comité, et d'après la définition même de l'autorité militaire, — *devait être pour les soldats admis dans les ambulances de la société, ce qu'était l'administration des hospices pour les soldats reçus dans les hôpitaux civils.*

Voici les noms des membres de cette Commission, notablement
accrue pendant le cours de ses travaux, en raison précisément de
l'extension donnée à ses attributions :

M. BAUDRIER, président à la Cour, président ;

MM. DESGRANGES, docteur; TEISSIER, docteur; P. PIATON,
vice-présidents ;

MM. LORTET, docteur; F. CHRISTÔT, docteur; BLANC (Edouard),
secrétaires ;

Membres : MM. BENOIT fils, BOREL, DE BOUCHAUD, BRAC DE LA
PERRIÈRE, le pasteur BUISSON, CASALE, DE CAZENOVE (Raoul), CHA-
NAL (François), CHAUVEAU, FITLER (Albert), FOREST (Jules), GARIN,
GRASSIS, GUIGOU (Camille), LAMY, LUYSET (Marc), MARLIE fils,
MAZUYER, ONOFRIO, président à la Cour; PERRET (Joannès), PER-
RIN (Gabriel), DE PRANDIÈRE (Martial), REVERDY, RIBOUD (Léon),
RIBIOLLET, RICHARD (Gabriel), RODET, directeur de l'Ecole vétéri-
naire; Vte DE RUOLZ DE MONTCHAL (Octave), SAINT-OLIVE (Gabriel),
SAINT-OLIVE (Louis), Comte DE SOULTRAIT, TAVERNIER, ingénieur;
THOMASSET, VERNET (Edmond), les *Docteurs* AUBERT, BERNE, BINET
(Joseph), CARRIER (Edouard), CHABALIER (Charles), FAVRE (An-
toine), MARDUEL, RAVINET, RIEUX, RODET.

I

Dans le *choix des Locaux*, la Commission s'est inspirée des discussions soutenues au sein de la Société de chirurgie, en 1864,
sur l'hygiène des hôpitaux.

Notre plus grande ambulance n'a pas dépassé 170 lits dans un
même local (Ecole vétérinaire). Les 219 lits établis chez les Frères

de la Doctrine chrétienne se trouvaient disséminés dans plusieurs pavillons séparés, et leur salle de 60 lits, la plus grande de nos ambulances, se trouvait dans conditions exceptionnelles d'aération et de salubrité.

Dans l'orientation, le midi a été préféré au nord, le levant au couchant, à cause des rafales de vent d'ouest fréquentes dans nos parages, en automne et surtout en hiver.

L'éclairage, la ventilation des salles, ont été l'objet d'une attention spéciale; les parquets, les plafonds, les dépendances, les moyens de chauffage, ont été notés avec soin par les membres chargés de cet examen, et ce n'est que sur des conclusions motivées que l'acceptation ou le rejet d'un local a été prononcé.

Nous avons recherché autant que possible 50 mètres cubes d'air par malade; et, si dans quelques ambulances, le cubage était moindre, les conditions d'aération venaient corriger cette défectuosité. Nous avons aussi admis en principe que, pour un lit de malade, il faut une superficie de 10 mètres carrés; car, ainsi que l'a dit M. Larrey, le cubage d'air en hauteur n'offre pas une garantie suffisante de salubrité.

En Italie, les malades accumulés dans les églises étaient mal.

II

L'*Organisation des ambulances* devait suivre immédiatement le choix des locaux; et la première question à se poser était celle-ci: où trouver des lits en nombre suffisant et à des conditions admissibles pour garnir les appartements offerts sans aucun objet mobilier ? Or, cette question était considérable, attendu que d'après l'expérience faite ultérieurement, il est bien établi que, pour transformer en ambulance une salle entièrement vide, il faut une dépense de 90 à 100 fr. par lit.

On songea d'abord à la compagnie des lits militaires, dont le matériel semblait assez complet pour faire face aux exigences du moment. Les premières ouvertures furent bien accueillies et une Commission reçut le mandat d'élaborer un projet de traité dans des conditions avantageuses. Ces préliminaires semblaient devoir aboutir ; pourtant, l'Agence lyonnaise de la compagnie ne pouvait prendre aucun engagement ferme sans l'autorisation du Conseil administratif de Paris. Pour des motifs que nous n'avons point à rechercher, et sous prétexte de manque de matériel, le Conseil refusa la ratification demandée.

Plusieurs négociants de la ville nous avaient fait des offres de literie ; leurs lettres semblaient empreintes d'un sentiment généreux et laissaient supposer qu'il n'y avait qu'à demander pour obtenir ; mais, là encore nous était ménagée une déception ; sous un semblant de patriotisme, se cachait une intention mercantile ; il s'agissait seulement de proposer en location des lits à prix réduit, au lieu du prix courant que l'on eût exigé dans des temps meilleurs.

Cette difficulté, néanmoins, n'arrêta pas la marche de la Commission, grâce à la solution qu'elle reçut. D'un côté, l'offre de la literie et des objets mobiliers faite par le directeur de l'Ecole vétérinaire ainsi que par les congrégations religieuses, et, d'un autre côté, le soin que prirent les fondateurs des ambulances séculières de tout préparer, avant de demander l'agrégation à la Société, nous permirent d'arriver, à peu de frais, à soigner un grand nombre de malades. La générosité publique multipliait les moyens d'action en proportion des besoins créés par les malheurs du temps.

III

Le matériel une fois complet, restait à organiser l'*Administration des ambulances*.

Fallait-il créer un *Bureau général*, centre du mouvement, qui se serait chargé de toute la comptabilité ainsi que de la répartition des fonds alloués à chaque ambulance ? Ce système répondait assez bien à nos tendances de centralisation, à nos habitudes bureaucratiques ; toutefois il avait de grandes défectuosités. Admissible pour un hôpital où tout est aggloméré, il aurait créé des lenteurs incalculables au milieu de soixante ambulances disséminées, avec lesquelles il n'aurait pu être en communication qu'à la faveur d'un nombreux personnel salarié, imposant à notre caisse des frais considérables. Et d'ailleurs, qui mettre à la tête de ce *Bureau central* ? Quel homme spécial en ces matières pouvait nous aider de ses lumières ? Bien des fois nous avons demandé à l'Intendance un officier d'administration pour diriger nos débuts ; bien des fois nous en avons reçu la promesse ; mais toujours de nouvelles exigences du service militaire ont rendu impossible l'acquiescement à nos désirs.

La mesure adoptée, au contraire, a consisté à donner à chaque ambulance ou groupe d'ambulances un *Directeur* chargé de surveiller le mouvement des malades, de contrôler la régularité des pièces fournies par le soldat, d'établir la comptabilité intérieure de chaque maison, de régler les comptes avec l'intendance et de solder les fournisseurs avec lesquels il avait le droit de passer des traités. Les achats particuliers faits sur des crédits alloués par la Commission étaient payés à la caisse de la Société, sur le visa du Directeur, confirmé par l'application d'un cachet spécial.

Tout Directeur remplissait donc, dans une certaine mesure, le rôle d'intendant et d'officier comptable ; de plus, véritable trait d'union entre son ambulance et la Commission, il rendait compte de ses travaux à nos réunions, exposait les besoins de ses malades, demandait les objets jugés nécessaires, faisait voir les difficultés soulevées sur sa route, provoquait ainsi des discussions d'où jaillissaient des éclaircissements et des solutions pratiques.

Sans doute la gestion de MM. les Directeurs n'était point soumise à un contrôle journalier ; une grande latitude même était laissée à leur initiative ; défectuosité que pourraient peut-être signaler les puristes en administration, mais défectuosité sans valeur, si l'on songe que la meilleure garantie des actes de la vie est la probité, compagne du dévouement.

Les ambulances seraient-elles ouvertes aux blessés seulement ? ou, par extension, recevraient-elles aussi des soldats malades ? à coup sûr, si l'on n'avait considéré que l'intention prédominante de la charité publique, les blessés seuls auraient été l'objet de nos soins ; mais le Comité lyonnais comprit bien vite que, malgré son titre de Société de secours aux blessés, il devait étendre sa sollicitude aux autres victimes de la guerre, à ces malades fiévreux, en si grand nombre, qui suivent les armées en campagne, celles surtout qui endurent le froid, la faim, et les fatigues sans nombre qu'entraînent les retraites précipitées.

Il fut donc décidé que la Commission userait de tout son crédit pour obtenir l'admission des fiévreux dans les ambulances ; qu'elle s'efforcerait de faire comprendre que la distance qui nous séparait des champs de bataille rendait incertaine l'arrivée des blessés à Lyon ; que d'ailleurs le jeune soldat atteint de maladie dans les camps, par le fait de la guerre, mérite le même empressement que celui qui tombe sous la balle ennemie.

Une fois cette première concession obtenue, il en restait une autre à demander : la réduction, à un petit nombre, des maladies

réputées contagieuses que l'on repoussait avec effroi. Après bien
des raisonnements, et non sans quelque peine, il fut établi que les
vénériens ne trouveraient aucun accès dans nos ambulances ; que
les varioleux seraient concentrés à l'Hôpital Militaire ou à l'hospice
de Longchène, ce qui n'empêcha pas cependant plusieurs ambulances de recevoir des varioleux et de subir, par là, une aggrava-
tion de danger en même temps qu'un surcroît de fatigue.

La Commission devait-elle étendre son influence directrice à
toutes les ambulances du département ou la restreindre à celle de
la ville seulement ?

Tous les membres, pénétrés de la responsabilité qu'ils assume-
raient en patronant des ambulances qu'ils ne pourraient ni diriger,
ni surveiller, furent d'avis qu'il convenait de laisser aux comités
locaux la libre administration de leurs œuvres, et de se contenter
de signaler à M. l'Intendant ceux qui s'adresseraient à nous pour
faire accepter leur concours. Toutefois, par suite de circonstances
particulières, quelques exceptions ont été faites à cette règle. Ainsi,
nous avons agrégé quatre ambulances à quelques kilomètres de la
ville : celle des Dominicains d'Oullins, à cause de son importance
et de cette circonstance particulière que l'un de nous, M. Riboud,
habite cette localité une partie de l'année ; celle d'Ecully, à raison
de sa proximité et de sa bonne gestion ; celle des Ursulines, de
Saint-Cyr, parce qu'elle avait rendu des services et manquait des
ressources nécessaires pour continuer sans augmentation du prix
de journée ; celle de Neuville-sur-Saône, sur la recommandation
de notre collègue, M. de Prandière, qui nous dépeignait la valeur
des résultats obtenus et consentait à partager avec M. Ribiollet
les soins de la direction.

L'événement nous a donné raison : nous n'avons eu qu'à nous
louer beaucoup de nous être attaché directement ces ambulances.

La *Commission médicale* avait reçu le mandat d'organiser les
services de médecine.

Nous nous serions donc bien gardés de nous ingérer dans ses attributions, si la force des choses ne nous avait amenés, malgré nous, à nous occuper de ce sujet important. Voici comment. La majeure partie des congrégations, les organisateurs, les dames fondatrices des ambulances séculières, en nous offrant des locaux, désignaient, du même coup, le médecin de leur choix : tantôt ce désir était nettement formulé dans la lettre d'avis, tantôt catégoriquement exprimé aux délégués chargés de visiter les lieux. — Que faire alors? La *Commission des ambulances sédentaires* devait-elle décliner sa compétence et renvoyer la demande à la Commission médicale? Ou bien devait-elle traiter directement avec les intéressés? Le premier procédé était le plus régulier, mais il entraînait des lenteurs préjudiciables ; le second, avait le grand avantage de supprimer des démarches complexes de nature à refroidir les tièdes ; mais il avait aussi l'inconvénient, de communiquer à la Commission médicale des choix arrêtés d'avance, et de ne plus lui laisser que le soin d'une ratification illusoire. Néanmoins, je le répète, ce dernier parti nous était imposé par la répulsion qu'inspirait l'idée de nouvelles formalités à remplir pour faire agréer une ambulance et la mettre en pleine activité. Ce n'est pas tout : la Commission médicale ne se réunissant qu'une fois par semaine, était dans l'impossibilité de parer aux éventualités journalières. Une fois, le Président dut chercher d'urgence un médecin pour une ambulance ouverte de la veille et dont le titulaire était inconnu; ce dernier pouvait-il, supplanter son confrère? Non évidemment. Une autre fois, le directeur d'une grande ambulance eut à pourvoir d'office au remplacement d'un médecin malade ; dans une troisième circonstance, une ambulance agrégée demanda son ouverture six jours avant celui où la nomination du médecin aurait suivi la marche régulière. Convenait-il d'imposer ce délai à des besoins pressants? On en jugea autrement ; un médecin fut désigné et l'ambulance fonctionna au jour indiqué.

Enfin, la *Commission médicale* ne pouvait se désintéresser complètement sur les questions de doctrine, alors que la *Commission des ambulances sédentaires* pouvait n'envisager que les faits, confiante d'ailleurs dans l'honorabilité des hommes. C'est ainsi qu'une de nos meilleures ambulances nous aurait échappé, si nous n'avions maintenu à la tête du service un docteur demandé par les Dames directrices et dont le nom n'avait pas trouvé faveur au sein de la Commission médicale. Et cependant, tout s'est passé de la façon la plus heureuse : bien des maux ont été soulagés ; des soins véritablement maternels ont entouré les jeunes soldats qui, tous, à leur départ, ont trouvé de bonnes paroles pour exprimer leur reconnaissance.

J'aurais dû peut-être passer sous silence ces détails de gestion, qui ne pouvaient altérer en rien la bonne harmonie des Commissions entre elles ; je l'aurais fait, à coup sûr ; si je n'avais eu à tracer que l'histoire du passé ; mais dans l'incertitude de ce que l'avenir nous réserve, j'ai cru nécessaire de faire entrevoir que, dans une œuvre comme celle qui nous a occupés, il serait avantageux que l'organisation du service médical fût laissée à la Commission des ambulances ; Commission compétente puisqu'elle renferme et peut toujours renfermer des médecins dans son sein ; puisque, dans ses fonctions, elle est assimilable, sous beaucoup de rapports, au Conseil administratif des Hospices civils.

IV

L'intendance militaire, dès les premiers pourparlers, avait accepté de prendre à sa charge une partie des frais, moyennant une rétribution fixe par homme et par journée de traitement. Déjà les Hospices civils avaient obtenu un *prix de journée* de 1 fr. 25 c. ;

mais les ambulances sédentaires, où tout était à créer, matériel et personnel, dont le plus grand local ne contenait que 219 lits et dont plusieurs n'en contenaient que six ou huit, pouvaient-elles marcher aux mêmes conditions, sans imposer à la Société de trop lourds sacrifices? La *Commission des finances* ne le supposa point ; aussi, son avis, motivé sur la cherté des vivres et sur la rareté exceptionnelle des denrées, en cas d'investissement, fut-il que le prix de journée ne pouvait être inférieur à 2 fr. De son côté, M. l'intendant divisionnaire faisait valoir, à juste titre, les charges écrasantes du Trésor public et ne consentait point à adhérer aux désirs de la Société.

Les choses cependant ne pouvaient en rester là ; entre des hommes animés de bonnes intentions, l'accord est toujours possible. Après donc des concessions mutuelles, un traité, réglant le prix de journée à 1 fr. 50 c. pour les soldats et à 2 fr. pour les officiers, fut signé, le 8 octobre 1870, par M. l'Intendant chargé des Hôpitaux militaires et par notre Président.

Tout semblait donc définitivement arrangé, lorsqu'un arrêté ministériel, en date du 25 octobre 1870, vint nous donner de vives inquiétudes.

En effet, le Ministre de la guerre décidait que son département ne paierait aux ambulances privées qu'un franc par jour et par malade. Sans doute, l'arrêté ne pouvait atteindre notre traité en bonne forme, de date antérieure ; mais nous ne pouvions point forcer M. l'Intendant à nous donner des malades à des conditions contraires aux ordres du Ministre. Il fallait donc accepter 1 fr. au lieu de 1 fr. 50 c., ou s'exposer à voir les ambulances rester vides. Le *Comité Directeur* décida que l'on se contenterait du prix de journée d'un franc et qu'on demanderait des crédits suffisants pour achever l'œuvre commencée.

Plus tard, la situation s'améliora. En vertu même d'une circulaire ministérielle, le prix de journée fut remis à 1 fr. 50 c. pour toutes les ambulances de la Société, à partir du 1er janvier 1871.

V

L'*Ouverture des ambulances* a eu lieu *le* 11 *octobre* 1870. Ce jour-là, les Frères de la Doctrine chrétienne recevaient leurs premiers malades; et, trois jours plus tard, l'École Vétérinaire ouvrait ses portes aux soldats.

Le mouvement ascensionnel peut être compris d'après les indications suivantes :

      1870 — 23 octobre,   28 ambulances,   818 lits occupés.
      1870 — 10 décembre, 28 ambulances,   981 lits occupés.
      1870 — 17 décembre, 30 ambulances, 1000 lits occupés.
      1871 — 1ᵉʳ février,   47 ambulances, 1400 lits occupés.
      1871 — 11 février,   50 ambulances, 1645 lits occupés.
      1871 — 15 février,   56 ambulances, 1800 lits occupés.

En réalité, nous avons organisé 1923 lits répartis en 62 ambulances, y compris celle de la gare de Perrache dont l'importance a été majeure et la durée exceptionnelle, à raison des services particuliers qu'elle a rendus. Infirmerie, dortoir, réfectoire ; tout y était installé pour panser les blessés, abriter et nourrir les soldats de passage. Je laisse à MM. les Directeurs le soin de faire connaître le nombre et la variété des secours distribués jour et nuit (1).

Nos 1923 lits, répartis en 62 ambulances, n'ont point servi tous ensemble et cela se comprend à merveille. Quelques-unes des premières ambulances étaient déjà fermées que les dernières étaient à

Voir le Rapport de l'ambulance de la gare de Perrache.

peine ouvertes ; mais nous avons eu, *du 15 février au 15 mars* 1871, 1800 *lits au moins en pleine activité ;* lits établis dans les meilleures conditions hospitalières.

A ceux qui trouveraient peut-être nos efforts peu fructueux et le résultat obtenu bien minime, eu égard à la population de notre ville, je dirais : — Regardez l'Hôtel-Dieu et demandez combien il renferme de malades ; 1100, vous sera-t-il répondu ; allez actuellement à l'Hôpital militaire, cherchez ce qu'il peut contenir et vous apprendrez que 600 lits représentent son chiffre fort et que, à 700, il est plein de fond en comble. Or, si vous voulez songer au budget de ces établissements, au matériel qu'ils possèdent, au personnel qui les desservent, aux fonctionnaires de tous ordres qui les administrent, vous comprendrez quelle a été l'entreprise de la Société et quel labeur ont accepté les hommes chargés de cette mission.

LISTE GÉNÉRALE DES AMBULANCES.

Centre de la Ville.

1° *Ecole vétérinaire* . . . . 170 lits.
    Directeur : M. H. Rodet ;
    Médecins : MM. Dime, Chatin et Delore.

2° *Saint-Jean* (Sœurs de Saint-Vincent-de-Paul.) . . 33 »
    Directeur : M. de Bouchaud ;
    Médecins : MM. Boissières et Dufieux.

3° *Archevêché* . . . . 40 »
    Directeur : M. de la Perrière ;
    Médecins : MM. Bouchacourt, Peyraud et Marduel.

4° *OEuvres des Messieurs* . . . . 20 »
    Directeur : M. de la Perrière ;
    Médecin : M. Teissier.

5° *M. Marlie* . . . . , ... 12 »
    Directeur : M. Marlie ;
    Médecin : M. Teissier.

6° *M. le Curé de Saint-François* . . . . 6 »
    Directeur : M. de Bouchaud ;
    Médecin : M. Berne.

7° *Salle d'Apollon* . . . . 40 »
    Directeur : M. Borel ;
    Médecins : MM. Emery et Gallavardin.

                      A reporter. . . 321 lits.

Report. . . . 321 lits.

8° *Missions Africaines* (ambulance fondée par M. Félix
    Girard, libraire) . . . . 40 »
    Directeur : M. le vicomte Octave de Ruolz ;
    Médecin : M. Bachelet.

9° *Consistoire Protestant* . . . . 20 »
    Directeurs : MM. Buisson et Fitler ;
    Médecins : MM. Christôt et Rollet.

10° *Ambulance Suisse*. . . . . 22 »
    Directeur : M. Ed. Vernet ;
    Médecins : MM. Gignoux père, L. Gignoux et Icard.

11° *Sœurs de Bon Secours* . . . . 12 »
    Directeur : M. Onofrio ;
    Médecins : MM. Keisser et Berne.

12° *MM. Piaton et Bredin* . . . . 25 »
    Directeur : M. Reverdy ;
    Médecin : M. Coutagne.

13° *M. Jance* . . . . 9 »
    Directeur : M. Onofrio ;
    Médecin : M. Cognard.

14° *Ambulance Saint-Nizier* . . . . 22 »
    Directeur : M. Guigou ;
    Médecins : MM. Guyennot et Rollet.

15° *Ambulance du Cours Rambaud* . . . . 16 »
    Directeur : M. de Prandière ;
    Médecins : MM. Bouchacourt et Aubert.

16° *Ambulance de la Rue du Plat* . . . . 16 »
    Directeur : M. le comte de Soultrait ;
    Médecins : MM. Berne et Keisser.

17° *M. Carrel* . . . . 6 »
    Directeur : M. le docteur Marduel ;
    Médecin : M. Gubian.

A reporter. . . 509 lits.

18° 19° *Bataillon*, 4° *Compagnie* de la garde nationale . 8 »
    Directeur: M. G. Saint-Olive ;
    Médecin : M. Garnier.

19° *Ambulance de la Rédemption* . . . . 15 »
    Directeur : M. Saint-Olive ;
    Médecin : M. Bondet.

20° *M. Courajod* . . . . 11 »
    Directeur : M. le docteur Marduel ;
    Médecin : M. Icard.

21° *Ambulance Saint-Polycarpe* . . . . 13 »
    Directeur : M. Guigou ;
    Médecin : M. Bonnaric.

22° *Ambulance de la rue du Peyrat* . . . . 15 »
    Directeur: M. de Bouchaud ;
    Médecin : M. Desgranges.

23° *Ambulance de la rue du Garet* . . . . 16 »
    Directeur : M. Guigou ;
    Médecin : M. Clermond.

24° *Ambulance du quai de Retz* . . . . 12 »
    Directeur : M. Lamy ;
    Médecin : M. Chassagny.

25° *Ambulance du Comptoir d'Escompte* . . . . . . 20 »
    Directeur : M. le docteur Desgranges ;
    Médecin : M. Bron (Félix) ;

26° *Ambulance de Noailles* . . . . 16 »
    Directeur : M. Max Grassis ;
    Médecins: MM. Neyret, Delore et Chappet.

Report. . . . 635 lits.

Croix-Rousse.

27° *M. Colomb-Degast* . . . . 20 »
    Directeur : M. Gabriel Perrin ;
    Médecin : M. Emery.

28° *M. le docteur Gérard* . . . . 10 »
    Directeur : M. Gérard ;
    Médecin : M. Gérard.

29° *MM. Duviard et Dolfus* . . . . 7 »
    Directeur : M. Casale ;
    Médecin : M. Duviard.

30° *Infirmerie Evangélique* . . . . 6 »
    Directeur : M. Ed. Blanc.
    Médecin : M. Després.

31° *M. Vassel* . . . . 18 »
    Directeur : M. Casale ;
    Médecins : MM. Chavanne et Fresne.

Fourvière et St-Just.

32° *Couvent de N.-D. des Missions* . . . . 42 »
    Directeur : M. Benoît fils ;
    Médecin : M. Perroud.

A reporter. . . . 738 lits.

Report. . . . 738 lits.

33° *Couvent de la Solitude* . . . . 45 »
    Directeur : M. Benoît fils ;
    Médecin : M. Lavirotte.

34° *Frères de la doctrine chrétienne* . . . . . . 219 »
    Directeur : M. Thomasset ;
    Médecins : MM. Berchoud père, Pomiès, Vernay
      et Berchoud fils.

35° *Œuvres des Convalescentes*. . . . . 25 »
    Directeur : M. Thomasset ;
    Médecin : M. Frestier.

36° *Pensionnat des Minimes* . . . . 20 »
    Directeur : M. Thomasset ;
    Médecin : M. Arthaud.

37° *Dames de la Retraite de St-Régis* . . . . . . 54 »
    Directeurs : MM. Richard (Gabriel) et Garin ;
    Médecin : M. Arthaud.

38° *Dames de Jésus-Marie* . . . . 60 »
    Directeurs : MM. Richard et Garin ;
    Médecin : M. Lacour.

39° *Providence Caille*. . . . . 16 »
    Directeur : M. Ed. Blanc ;
    Médecin : M. Rieux.

40° *Hospice du Calvaire* . . . . 14 »
    Directeur : Ed. Blanc ;
    Médecin : M. Lacour.

41° *Couvent de la Visitation*. . . . . 50 »
    Directeurs : MM. Richard et Garin ;
    Médecin : M. Carrier.

42° *Couvent St-Michel* . . . . 20 »
    Directeurs : MM. Richard et Garin ;
    Médecin : M. Sérulas.

2   *A reporter*. . . 1.261 lits.

43° *M. Demoustier* . . . .   14 »
     Directeurs : MM. Richard et Garin ;
     Médecin : M. Sérulas.

44° *M. Perrachon* . . . .   12 »
     Directeurs : MM. Richard et Guérin ;
     Médecin : M. Sérulas.

45° *Sacré Cœur des Anglais.* . . . .   30 »
     Directeurs : MM. Richard et Garin ;
     Médecin : M. J. Binet.

46° *M. Binet* (docteur) . . . .   6 »
     Directeur : M. Binet ;
     Médecin : M. Binet.

47° *La Sainte-Famille* . . . .   20 »
     Directeur : M. Gabriel Perrin ;
     Médecin : M. Morel.

48° *Ursulines de St-Irénée* . . . .   25 »
     Directeurs : MM. Richard et Garin ;
     Médecin : M. Gubian.

49° *Couvent de Marie-Thérèse* . . . .   8 »
     Directeur : M. Ed. Blanc ;
     Médecin : M. Rambaud.

50° *Pères Maristes* . . . .   25 »
     Directeur : M. Benoît fils ;
     Médecin : M. Louis Gignoux.

Extra Muros.

51° *Hospice de St-Jean de Dieu.* . . . .   25 »
     Directeur : Frère Edmond Pétel ;
     Médecin : M. Grenard.

A reporter. . . . 1.426 lits.

Report. . . 1.426 lits.

52° *M. Carrier* (docteur). . . . . 30 »
    Directeur : M. Carrier ;
    Médecin : M. Carrier.

53° *Sacré Cœur de la Ferrandière.* . . . . 70 »
    Directeur : M. le docteur Ravinet ;
    Médecin : M. Ravinet.

54° *Petites Sœurs des pauvres* . . . . 20 »
    Directeur : M. Chanal ;
    Médecin : M. Poulet.

55° *Institut Hydrothérapique* . . . . 16 »
    Directeur : M. Casale.
    Médecin : M. Brochard.

56° *Dominicains, Oullins.* . , r . . . . 115 »
    Directeur : M. L. Riboud ;
    Médecin : M. Dupuy.

57° *Ambulance d'Ecully* . . . . 20 »
    Directeur : M. Marc Luizet ;
    Médecin : M. Terver.

58° *M. Guérin, à Monplaisir* . . . . 8 »
    Directeur : M. J. Forest ;
    Médecin : M. Soulier.

59° *Ursulines de St-Cyr au Mont-d'Or* . . . . . . 20 »
    Directeur : M. Mazuyer ;
    Médecin : M. Ygonin fils.

60° *Ambulance de Neuville-sur-Saône* . . . . . . 68 »
    Directeur : M. Ribiollet ;
    Adjoint : M. de Prandière ;
    Médecins : MM. Ponnet et Rondet.

61° *Ambulance de Balmont* . . . . 10 »
    Directeur : M. R. de Cazenove ;
    Médecin : M. Terver.

A reporter. . . . 1.803 lits.

Report. . . 1.803 lits.

Service spécial.

62° *Ambulance de la gare de Perrache* . . . . . . 120 »
　　Directeurs : MM. J. Perret, P. Piaton et Alphonse
　　　Desgeorges ;
　　Médecins : MM. Favre, Rieux, Bergeron et Tallon.

Total . . . . . 1.923 »

Villefranche n'est point restée en dehors des travaux entrepris en faveur de nos soldats. Un *Comité auxiliaire* s'y est organisé ; et, grâce à son impulsion, plusieurs ambulances ont été ouvertes dans l'arrondissement. Elles ont reçu jusqu'à 380 malades, non compris les lits occupés par les Alsaciens à l'hospice de la ville.

COMITÉ AUXILIAIRE DE VILLEFRANCHE.

MM. Royé-Belliard, président ; Charvet, Savigny, Perrayon, Monin, Marion, Collonge, Teillard, Méhu, Tornier.

MM. les docteurs Guillot, Perret, Lassalle père, Gauthier, Missol, Lassalle fils.

Je transcris ici l'état des Ambulances de Villefranche et des communes voisines, tel qu'il m'a été remis par le Trésorier du Comité, à la date du 9 février 1871.

Dans la suite, le nombre des lits s'est élevé à 400.

Villefranche.

1° *Petites Sœurs des pauvres* . . . '	20 lits.
2° *Ursulines*	2 »
3° *St-Joseph*	10 »
4° *Frères*	15 »
5° *Ecole normale.*	24 »
6° *M. Royé-Beillard*	10 »
7° *M. Collonge*	6 »

Communes de l'Arrondissement.

8° *St-Georges.*	26 »
9° *Dénicé*	9 »
10° *Belleville*	40 »
11° *St-Lager*	44 »
12° *Lancié-Fleurie*	32 »
13° *Beaujeu*	110 »
Total	348 lits.

Les ambulances de Beaujeu ont conservé leur autonomie, se trouvant en rapport direct avec l'intendance ; elles ont rendu les plus grands services, sous la direction habile et dévouée de M. P. Michaud.

Le comité de Villefranche, par l'utile concours qu'il nous a prêté a contribué au soulagement des maux de la guerre ; il mérite donc une bonne part de la reconnaissance publique.

Le 15 mai 1871, les *ambulances ont été évacuées,* suivant la décision de M. l'Intendant divisionnaire ; décision notifiée par une lettre qui louait le zèle des directeurs, des médecins, de tous ceux enfin qui, venus en aide à l'administration militaire, avaient fait de Lyon la « Ville hospitalière par excellence. »

VI

Du 11 octobre 1870 au 15 mais 1871, nos ambulances sédendentaires, sans compter celle de la gare de Perrache, ont reçu 7,126 blessés ou malades.

Les journées de traitement se sont élevées au chiffre de 182,000.

Le nombre des décès a été de 375 ;

Soit une mortalité de 5,26 pour 100.

La proportion des guérisons, 94,74 pour 100, est donc consolante relativement aux conditions sanitaires de l'armée ravagée par la variole, décimée par la dyssenterie et la fièvre typhoïde ; relativement aussi aux complications graves des plaies : pourriture d'hôpital, infection purulente ; conséquence inévitable des souffrances imposées au soldat par le froid, la fatigue et la mauvaise nourriture. Ces pauvres jeunes gens étaient maigres, affaiblis, au visage hâve ; chez eux, l'affection la plus simple était longue à guérir, la plaie la plus légère avait peine à se cicatriser. En les voyant, on comprenait, avec tristesse, qu'un décret dictatorial ne fait point une armée ; qu'un chant patriotique, d'un autre âge, ne peut seul enchaîner la victoire ; que, si des armes, des munitions sont indispensables à la guerre, une alimentation confortable, des soins hygiéniques ne sont pas moins rigoureusement nécessaires.

VII

Le *prix de journée* a subi de notables écarts suivant l'importance de l'ambulance et suivant les rigueurs de la saison.

A l'Ecole vétérinaire (170 lits,) il a varié de 1 fr. 35 à 1 fr. 50 ; pour d'autres, il s'est élevé à 1 fr. 58, 1 fr., 70, 1 fr. 75 et 2 fr.; il a même atteint 2 fr. 50 pour quelques petites ambulances ; mais cet excédant de dépenses a été fortement atténué pour notre caisse, par le soin qu'ont eu les fondateurs de se constituer un fonds de roulement et d'obtenir des souscriptions mensuelles.

Trois ambulances ont marché sans le secours du prix de journée : celle du consistoire protestant, organisée et soutenue par M. le pasteur Buisson, à la faveur de dons particuliers ; celle de M. Guérin, restée entièrement à la charge de son fondateur ; l'ambulance Suisse, dont les administrateurs ont remis l'argent reçu de l'Etat au *Comité Lyonnais de secours aux cultivateurs des départements dévastés par la guerre.*

Les *fonds* mis à notre disposition comprennent :

1° 294.832 fr. 95 c. provenant des prix des journées, des frais d'inhumations, etc., payés par l'administration militaire ;

2° 78.000 fr. alloués en différents crédits, par le *Comité réparti-teur* (8.000 fr., 5.000 fr., 15.000 fr., 50.000 fr.) ;

3° 1.740 fr. de dons particuliers.

Soit une somme de *soixante-dix-neuf mille sept cent quarante francs*, (78.000 — 1.740 fr.) dont nous avons à justifier l'emploi en produisant nos comptes, car il nous semble inutile d'insister sur les versements de l'Etat, à raison du contrôle spécial dont ils ont été l'objet.

Donc, en dehors de toutes les sommes ordonnancées par l'intendance ; *nous avons dépensé quarante-deux mille cent quatre-vingt dix-huit francs vingt centimes* (42.198 fr. 20 c.) lesquels ont été affectés : pour une part, à parfaire le prix de journée pendant le dernier trimestre de 1870 ; pour une autre, à solder les dépenses des Ambulances qui réglaient sur comptes, sans pouvoir équilibrer leur budget avec 1 fr. 50 par jour ; pour une troisième, à acheter de la lingerie ; pour une quatrième, à nous procurer des billets de salle, des certificats de décès et des feuilles de congé : toutes choses que nous supposions devoir rester en dehors de nos charges ; pour une cinquième enfin, à accorder des indemnités, soit pour épuration de la literie, soit pour réparation de locaux.

Notre administration a donc été économe, puisque sur un budget de *soixante-dix-neuf mille sept cent quarante francs* (79.740) elle rend ses comptes, — vérification faite par M. Thomasset, — avec un excédant de *trente-sept mille cinq cent quarante-un francs quatre-vingt centimes*, (fr. 37.541 fr. 80 c.) — sans faire entrer en ligne une quantité considérable de linge renvoyé par les Ambulances à la Société, après un usage plus ou moins long.

Avons-nous été parcimonieux? Nous ne le pensons pas, car le régime de chaque ambulance a été calculé d'après les quantités réglementaires des hôpitaux militaires; et, si la règle a été oubliée plus d'une fois, on peut affirmer que l'infraction a été commise par excès et non point par défaut. D'ailleurs, j'ai souvent demandé

aux représentants de l'autorité militaire si les soldats sortaient contents des Ambulances, et toujours j'ai reçu les réponses les plus
flatteuses.

Malgré la fermeture officielle des Ambulances, nous avons gardé
encore pendant un mois un pauvre malade dans un état si déplora-
ble que le simple transport dans un hôpital pouvait lui devenir funeste. De ce fait, nous avons dépensé 50 fr. ; mais, en échange,
nous avons eu la satisfaction d'apprendre son rétablissement, sous
l'heureuse influence des soins persévérants qu'il a reçus des sœurs
de St-Vincent-de-Paul.

VIII

Les *Dons* offerts à la Société par la générosité publique, ont été
variés et nombreux, et, de ces dons, la part faite aux Ambulances
sédentaires a été importante.

Nous avons reçu beaucoup de caisses de linge et d'objets de pan-
sement ;

Nous avons distribué :

262 Hectolitres de vin, de diverses provenances ;
862 Bouteilles de vin de Bourgogne ou de Beaujolais ;
631 Bouteilles de vin de Bordeaux ;
165 Bouteilles de vin de Marsala ;
 25 Bouteilles de vin de Malaga ;
 95 Bouteilles d'Élixir végétal;
2 Caisses de citrons, 22 kilos et demi de tabac à fumer, plus
3.000 oranges ;

400 Paires de chaussettes de laine, 200 chemises de flanelle, et 300 paires de souliers environ sur le nombre total des chaussures achetées par la Société.

L'Administration des Hospices civils a offert aux Ambulances les remèdes au prix de revient, jusqu'à concurrence d'une somme de 6.000 fr. par mois. De plus, à la date du 4 mars dernier, elle a mis à notre disposition 16 bains par jour, 8 ordinaires et 8 de barèges ou de vapeur.

M. l'Intendant nous a accordé, sur bons, des couvertures, des vêtements militaires ; il nous a donné 2.000 cigares.

Mme Millevoye nous a remis, plusieurs fois, des vêtements, au nom du Comité des dames.

M. Ferrand nous a ouvert sa pharmacie, pour 12 litres d'éther rectifié au degré voulu pour l'anesthésie.

En espèces, nous avons reçu : 100 fr. de M. Chanal, 1.640 fr. de l'hospice de Saint-Jean-de-Dieu et 500 fr. de Monseigneur l'Archevêque ; somme que j'ai remise, en son nom, à Mmes Lapaine et Renoux pour acheter des vêtements plus spécialement destinés aux prisonniers de guerre.

Nous sommes heureux d'avoir été les mandataires de la charité publique ; et nous reportons volontiers, à ceux qui nous ont aidés, une part légitime de la gratitude et de la sympathie que nous avons recueillies, en échange des bienfaits que nous avons répandus.

Parmi les donateurs empressés à secourir nos blessés, une place doit être réservée au *Comité de Genève*, sous la présidence de M. Moynier et à l'*Institut international pour la confection de membres artificiels, de Bâle* (Suisse), sous la présidence de M. le professeur Socin.

L'*Institut de Bâle* avait fondé un petit hôpital destiné à recueillir les mutilés pendant le temps nécessaire à la fabrication des membres artificiels. Pour y faire admettre les nôtres, je devais adresser une demande nominative à l'Institut ; chaque demande était enregistrée suivant son numéro d'ordre ; puis j'étais averti des lits mis à notre disposition, et j'organisais le départ, en en donnant avis à l'Institut.

Tout d'abord, nous hésitâmes à accepter les propositions de l'*Institut de Bâle ;* le voyage était long et les frais de route représentaient presque le prix des appareils que nous aurions pu faire confectionner chez nous. Mais une combinaison aussi habile que généreuse mit à néant toutes les objections.

Le *Comité de Genève* nous offrit des cartes de séjour dans cette ville ; il prit, en outre, à sa charge les frais de transport jusqu'à Bâle ; tandis que, de son côté, l'*Institut de Bâle,* une fois les appareils achevés, dirigeait les hommes sur Genève, où ils devenaient l'objet de nouveaux soins, jusqu'au moment de leur retour en France.

Il ne restait donc plus à la charge du *Comité lyonnais* que le voyage de Genève, aller et retour, soit 20 fr. en 3ᵉ classe. En résumé, le Comité faisant la part des besoins imprévus, donnait 30 fr. à chaque amputé au moment du départ ; et, d'après les renseignements que j'ai recueillis moi-même, cette somme mettait les soldats en état de voyager sans privations.

Nous avons, de la sorte, fait partir *douze* amputés qui, tous, se louent des soins affectueux dont ils ont été l'objet, et se déclarent satisfaits des appareils qu'ils ont reçus, le plus souvent, en doubles. J'ai vu plusieurs membres artificiels fabriqués par l'Institut et je me plais à reconnaître qu'ils remplissent les indications de la prothèse d'une façon à la fois utile et élégante.

Les sympathies de la Suisse envers nous se sont donc révélées, dans ce nouvel ordre de faits, aussi sincères, aussi touchantes qu'elles s'étaient affirmées, sur une grande échelle, en faveur de notre armée de l'Est. On ne peut dire vraiment ce qu'on admire le plus, chez ce peuple ami, de sa bonté native qui sait compatir à toutes les misères, ou de sa haute raison qui le fait vivre dans la paix, dans la prospérité, au milieu des agitations européennes. Toutefois, un sentiment domine tous les autres : C'est la gratitude pour des bienfaits reçus dans un temps où nos malheurs les rendaient si précieux.....

IX

Le dicton populaire : *Il n'y a point de roses sans épines*, s'il n'était formulé depuis longtemps, devrait l'être à l'occasion des ambulances. Que de difficultés, que de détails, indépendamment des *grands embarras* dont nous parlerons dans un instant. Plus on entend crier à la liberté, plus on est exposé à voir celle d'autrui se superposer à la sienne propre.

Les malades devaient être envoyés dans les ambulances avec un billet d'entrée portant le cachet de l'Intendance ou l'attaché de M. l'officier comptable de l'hôpital militaire. Or, messieurs les chefs de corps trouvaient bien plus simple, bien plus commode de les faire entrer d'autorité, avec menace de la force, sans même prendre le soin de remettre un billet contenant tous les renseignements nécessaires pour dresser un acte régulier de décès, en cas d'issue funeste. Que de fois MM. les directeurs ont dû écrire, afin d'obtenir les indications qu'aurait fournies une pièce régulière. Aussi, M. l'intendant frappé des perturbations qu'un pareil mouvement aurait jetées dans notre comptabilité, y porta remède en acceptant un billet d'office à la date d'entrée ; billet fait et signé par le directeur et contre-signé par le médecin.

Une excellente mesure vint encore simplifier et accélérer le mouvement des malades ; je veux dire la faculté accordée à l'ambulance de la gare de Perrache de donner des billets réguliers d'admission. Dans ce but, M. l'officier comptable de l'hôpital militaire faisait faire la ronde des ambulances par 2 sergents chargés de noter les lits vacants ; il s'en réservait un nombre proportionnel aux éventualités de la journée, puis il adressait à l'ambulance de la gare la liste de ceux dont elle pouvait disposer.

Les *congés de réforme* ont été la source de bien des variations dans le *modus faciendi*, jusqu'au jour où l'on nous donne l'instruction de faire, pour les hommes proposés dans chaque ambulance, un état nominatif, en triple expédition, avec certificats de médecin à l'appui : l'une de ces expéditions destinée au général, l'autre à l'intendant, la troisième au commandant chargé du recrutement.

L'obtention des *congés de convalescence* a été d'une simplicité remarquable depuis que M. le docteur Marmy, médecin principal de 1re classe, a été attaché aux ambulances, en qualité d'inspecteur. Le médecin traitant faisait un certificat de visite que M. Marmy signait pour contre-visite ; puis, la pièce, transmise à l'état-major, était renvoyée, quelques jours plus tard, avec le congé en bonne forme.

La collaboration de M. le docteur Marmy nous a été précieuse. Admis à nos séances, il nous a éclairés de ses avis et mis au courant des usages militaires ; bien connu de la plupart de nous, bien apprécié pour ses travaux scientifiques et la droiture de son caractère, il a conquis l'estime, la sympathie de tous et emporté nos regrets lorsque le Gouvernement lui a confié la direction des ambulances du 1er corps d'armée de Versailles. Son successeur, M. le docteur Beaunis, nous a rendu tout aussi agréables les relations avec la chirurgie militaire ; jeune et déjà avancé en grade, agrégé à la Faculté de Strasbourg, auteur distingué en anatomie, il nous a fait voir l'affabilité unie à la science.

Permettez-moi, Messieurs, d'attirer un instant vos regards sur les *orages* qui ont assailli notre œuvre, l'ont ébranlée momentanément, sans y causer un préjudice réel.

Le premier coup de vent s'est fait sentir, à Caluire, sur la maison des Frères de la Doctrine chrétienne.

Imitateur des agissements du *Comité de salut public Lyonnais*, le Conseil municipal de Caluire déclare *propriété communale* la maison des Frères, sans s'arrêter à cette idée qu'un ordre reconnu d'utilité publique, par conséquent personne civile, peut posséder à l'égal de tout citoyen qui jouit de ses droits. En vertu de l'Arrêté municipal, il y eut prise de possession, installation d'un gardien et, par mesure de prudence, le local fut mis sous la protection de la garde nationale ; protection à titre onéreux, il est vrai, puisque le poste mettait à profit les provisions des Frères.

C'était en septembre 1870 ; nous étions en pourparlers avec le Frère Directeur pour les ambulances, et je crus devoir faire quelques démarches dans l'espoir de conserver à la Société un local admirablement disposé. J'allai trouver le maire de Caluire ; je lui exposai les besoins du moment ; je lui montrai les articles de la convention de Genève stipulant que la neutralité est perdue pour les ambulances gardées par une force militaire ; je soutins que les soins donnés aux blessés occupaient une place importante dans la défense nationale ; bref, je réclamai le local. Le Maire parut peu touché de mon discours ; il se retrancha derrière son Conseil ; pourtant il voulut bien s'engager à lui soumettre ma demande et à me faire connaître la décision ultérieure. Le Conseil maintint sa délibération ou plutôt déclara ne plus posséder cette maison qu'il avait mise à la disposition du Comité de la guerre.

Peu de temps après, l'ambulance des Frères (montée St-Barthélemy) était menacée de devenir la voisine très-proche d'une garnison de mobiles : le local avait été jugé propre à cette double destination, à la suite d'une visite faite par un officier muni d'un ordre de réquisition.

Cette fois le péril était imminent. Une invasion tolérée dans une des maisons affectées aux malades militaires, les aurait toutes ouvertes ; et alors que serait devenue notre entreprise ? Il fut donc décidé que le moment était venu de réagir.

Une Commission reçut le mandat de se rendre auprès du Préfet et de soutenir devant lui la nécessité de respecter les ambulances. Par l'organe du Président, elle exprima la peine que ressentait la Société, d'abord, de n'avoir jamais pu prendre possession du Grand-Séminaire, par suite de sa transformation en caserne ; ensuite, d'avoir perdu le local de Caluire par décision du Conseil municipal ; enfin de se voir menacée dans une de ses meilleures créations, alors que les besoins étaient urgents, les sollicitations pressantes. Que pouvait faire la Société si, poursuivie pas à pas, elle était gênée, contre-carrée dans tous ses mouvements ? Trouvait-on ses services utiles ? Il fallait la soutenir, la dégager d'entraves sans cesse renaissantes. Comme conclusion, la Commission demandait que, conformément à la convention de Genève, aucun soldat valide ne fût introduit dans la maison des Frères.

Cette fois, nous le reconnaissons avec plaisir, nous fûmes écoutés et le calme revint là où les inquiétudes avaient été vives.

Les formes diplomatiques ne furent point suivies en ce qui concerne l'ambulance des Minimes : la suppression en fut sommaire.

Les hommes habiles du Comité de la guerre trouvèrent ingénieux d'installer une fabrique de cartouches dans cet établissement, sans s'inquiéter de sa situation au sein d'un quartier populeux, des réclamations des habitants effrayés, ni du voisinage des fortifications.

Le pensionnat des Minimes était condamné ; la sentence allait être exécutée. — Le Comité de la guerre, à la date du 18 novembre 1870, nous écrit : « Veuillez prendre les mesures nécessaires pour faire transporter *immédiatement* tous les malades qui sont aux Minimes dans la maison des Lazaristes. » Et, comme nous n'exécutons point l'ordre sur-le-champ, le Comité se charge d'office de procéder au transport

Ainsi, du même coup, l'ambulance est fermée, le pensionnat licencié, la maison envahie, trouée en divers sens et transformée en manufacture ; immense bouleversement dont le résultat demeure problématique, car on se demande encore aujourd'hui combien l'on y a fait de cartouches et ce qu'en a coûté l'unité, en tenant compte de l'indemnité due pour des dégâts faits sans ménagements. Le seul résultat qui soit patent est la suppression d'un service de malades militaires et la perturbation jetée dans un enseignement digne de la confiance des familles.

Un autre genre d'attaque était réservé à l'ambulance des Pères Dominicains d'Oullins.

La 2e légion, *Alsace et Lorraine*, avait pris ses cantonnements à Oullins et son colonel trouva commode d'instituer une ambulance, pour son corps, dans la maison des Dominicains, à côté d'une ambulance déjà fondée par les Pères et agrégée à la Société.

Un tel arrangement ne satisfit point le colonel, qui prit fantaisie, un jour d'installer un bataillon tout entier dans la maison, ne se proposant rien moins que de s'approprier l'une des deux salles de notre ambulance et de refouler tous les malades dans l'autre.

Ordre fut donc donné de préparer les lieux suivant les dispositions précédentes. Les Dominicains firent des observations motivées sur les intérêts des malades, sur le trouble jeté dans le service, donnant à entendre au colonel qu'ils lui laisseraient non-seulement la responsabilité du projet, mais encore celle de l'exécution.

Le chef de la légion pouvait-il s'arrêter en si beau chemin ? Evidemment non. En conséquence, il envoie un détachement contre l'établissement des Dominicans ; fait donner les sommations d'ouvrir les barrières ; et comme elles restent closes et que, d'ailleurs, elles sont solides, il ordonne l'investissement de la place, avec la consigne sévère de ne rien laisser entrer ni sortir.

Les Dominicains, quoique investis, avaient dépêché, à Lyon, deux des leurs qui, en compagnie de l'un de nos Directeurs,

M. Borel, viennent me trouver à l'Hôpital militaire, au moment
où je terminais ma visite, pour me demander si la Société ne
pouvait pas les protéger.

Nous nous mettons immédiatement en campagne, afin d'obtenir
le déblocus, et nous dirigeons nos premiers pas vers M. l'Intendant
chargé des ambulances. La situation exposée, M. l'Intendant nous
explique que c'est une question de commandement et non d'administration; que nous devrions nous adresser au général, auprès
duquel il nous offre une lettre d'introduction.

Le général commandant la division nous accueille avec faveur,
nous écoute avec attention, se montre peiné de ce qui nous arrive;
mais nous fait observer que cette légion est encore en voie de
formation, soumise par conséquent à l'autorité civile, jusqu'au jour
où elle sera remise à l'autorité militaire. Le fait regarde M. Chal-
lemel-Lacour, ajoute le général; tout ce que je puis faire, c'est de
vous donner une lettre d'introduction auprès de lui, en vous faisant
accompagner par un de mes officiers d'ordonnance, qui demandera,
en mon nom, une audience immédiate et assistera à votre visite
pour affirmer mes sympathies à votre cause.

Nous remercions cordialement le général et nous partons en
toute hâte pour l'Hôtel-de-Ville, bien persuadés que là se trouvera
le vif du débat.

Nous sommes introduits. De prime abord, il est évident que
nous avons affaire à un homme mal disposé, et que notre entrevue
sera empreinte d'une certaine vivacité.

— Nous venons, M. le Préfet, dit le Président, vous demander
que notre ambulance d'Oullins soit maintenue dans les termes de
la convention de Genève, c'est-à-dire éloignée de toute force armée.

— J'ai besoin de locaux pour loger les soldats, répond le Préfet.

— Les habitants d'Oullins, reprend-je, les ont logés jusqu'à ce
jour; ils ne refusent pas de les loger encore.

— Le colonel, réplique le Préfet, préfère les avoir réunis sous
la main.

— Nous ne pouvons accepter que l'on transporte dans une seule salle des malades installés dans deux; ce serait, d'une bonne ambulance, en faire une mauvaise.

— Le colonel a jugé qu'une même salle suffit à recevoir tous les hommes.

— Nous déclinons la compétence du colonel en matière d'hygiène, et nous repoussons son ingérence dans les faits médicaux, comme il repousserait la nôtre dans ses opérations militaires. D'ailleurs, M. le Préfet, nous sommes forcés de vous demander pourquoi le colonel fait actuellement le blocus de l'établissement d'Oullins.

— Que voulez-vous dire? Je ne vous comprends pas.

— Nous voulons dire que le colonel a fait investir la maison, avec ordre de ne rien laisser entrer ni sortir.

— Je ne connaissais pas ce fait et n'ai point donné d'ordre qui l'autorise.

— Nous nous voyons, à regret, forcés, M. le Préfet, de vous déclarer que la Société de secours aux blessés militaires ne peut accepter plus longtemps d'être poursuivie par les fantaisies des chefs de corps ou les injonctions de la municipalité. Nous avons perdu le Grand-Séminaire, la maison de Caluire, l'ambulance des Minîmes vidée par le Comité de la guerre, dans des formes que nous ne voulons pas qualifier, et voilà que l'ambulance d'Oullins, de 170 lits, installée dans d'excellentes conditions est menacée de devenir un réduit malsain, un foyer infectueux; avec cette circonstance aggravante qu'un tel fait se produit au moment où l'Intendance militaire nous prie de doubler nos moyens de secours. Nous demandons qu'on nous laisse notre liberté d'action et qu'on respecte nos œuvres; sinon, nous serons réduits à la nécessité de nous arrêter court et de rendre à l'Intendance les 1800 malades confiés à nos soins. Cette mesure grave, il est vrai, ne saurait être prise sans en référer à l'un de nos chefs, M. de Villeneuve, actuellement à Lyon.

A ce nom, le Préfet se radoucit visiblement; il nous promet d'aller à Oullins apprécier lui-même les choses et voir comment il pourra concilier les intérêts en présence.

En effet, le Préfet se rendit chez les Dominicains, leva le blocus, fit respecter notre ambulance, accepta un bâtiment séparé pour abriter les soldats dont il réduisit le nombre à trois compagnies, donna enfin à comprendre que, une fois la légion partie, l'établissement n'aurait plus de soldats à loger.

Cette solution, bien que peu radicale, satisfit néanmoins les Pères Dominicains; elle les préservait d'une invasion complète et sauvait l'ambulance.

Depuis lors, nous avons vécu dans le calme, car je n'attache aucune importance au léger émoi causé dans nos ambulances de St-Just et chez les propriétaires du quartier, à la suite d'une tentative faite par M. le Maire de nous trouver des lits.

Une Commission avait reçu le mandat de voir le chef de l'édilité lyonnaise, à l'effet d'obtenir la maison des Jésuites de la rue St-Hélène. Elle va le trouver, lui fait valoir l'urgence des besoins, la bonne distribution du local et la proximité où il se trouve de la gare de Perrache; condition excellente en faveur des soldats hors d'état de gagner les ambulances éloignées.

M. le Maire objecte que la maison est occupée par un poste de la garde nationale ainsi que par un bureau de police; que, sous peu, elle recevra les mobiles de l'Ardèche; que, en outre, sa situation au milieu de la ville la rend peu hygiénique, tandis que des installations faites sur la colline répondent infiniment mieux aux exigences de la salubrité publique. Bref, il refuse la maison demandée; mais, pour donner à la Société une preuve de son bon vouloir, il propose à la Commission de lui trouver des ambulances.

A cet effet, M. le Maire choisit un capitaine d'état-major de la garde nationale, le charge de voir combien on pourrait installer de lits nouveaux dans le haut quartier de la ville; puis, sur le rapport du capitaine, nous annonce avec empressement qu'il a 1.500 lits à nous offrir.

La Commission se présente de rechef à M. le Maire ; le remercie de l'intérêt qu'il porte à nos malades ; le complimente de la célérité mise à exécuter un projet important ; lui demande enfin, une fois les premières paroles de politesse échangées, si la literie est installée, le mobilier complet et le personnel prêt à entrer en fonctions. M. le Maire manifeste un grand étonnement. La Commission, de son côté, ne peut dissimuler sa surprise en face de l'étonnement du Magistrat municipal. Alors on s'enquiert de ce que renferme de sérieux le rapport et l'on découvre, non sans déception de part et d'autre, que tout s'est réduit à une visite superficielle de quelques maisons, à une appréciation plus superficielle encore de la capacité des locaux et à la signature de billets de réquisition, à bref délai, représentant un total de 1500 lits.

Voilà comment la Municipalité nous a aidés dans notre œuvre, après nous avoir refusé la maison des Jésuites et arraché violemment les Minîmes.

X

Messieurs, ce rapport, trop long peut-être, serait à peine ébauché si je devais vous représenter, seulement à grands traits, tous les actes de dévouement, de charité véritable dont les ambulances ont été le théâtre ; actes d'autant plus méritoires qu'ils ont été accomplis modestement dans l'ombre, sans aucune arrière-pensée de satisfaction personnelle.

Les congrégations religieuses ont rivalisé de zèle, d'abnégation, pour procurer du soulagement aux soldats. Sacrifices matériels, soins assidus, empressement affectueux, consolations morales : rien n'a été épargné ; si grande que fût la tâche, on peut dire qu'elle a été dignement remplie.

Dans les ambulances séculières on ne pouvait voir sans admiration des dames quitter la vie paisible de salon, les habitudes de luxe pour descendre aux pénibles fonctions d'infirmières, sans être rebutées par les dégoûts inséparables de la maladie et des blessures. Bonté, douceur, affabilité, complaisance infatigable : tout semblait réuni en vue de rappeler la famille à ces jeunes gens arrachés brusquement au foyer ; en vue de leur faire oublier ce qu'ils avaient souffert des malheurs du temps. Non moins empressés se montraient les hommes dans la part qui leur était échue ; les uns, voués à la gestion administrative, en faisaient l'objet de leur sollicitude incessante ; les autres, dans le modeste emploi d'infirmier ou de veilleur, montraient un cœur riche de sentiments élevés. Partout, la charité développait ses ressources inépuisables ; partout elle multipliait ses moyens, les variait de mille manières dans l'application, avec un élan que rien ne saurait dépeindre. Aussi, quelle consolation n'était-ce point de voir ces jeunes soldats dociles, accessibles aux bons avis, se soumettre à une discipline dont la persuasion plus que les règlements imposait l'observance. Leurs forces revenaient ; leur moral se relevait ; ils paraissaient contents ; se louaient du bien qu'on leur faisait ; puis, quand venait le moment du départ, ils exprimaient leur reconnaissance avec l'accent de la vérité.

A part les *Garibaldiens*, dont le caractère turbulent ne s'est pas démenti dans les ambulances, nous n'avons à noter qu'un acte grave d'indiscipline, avec cette circonstance atténuante que l'auteur, lui-même, en a fait justice en venant à résipiscence et que, dans la suite, il s'est montré aussi convenable qu'il avait été irrévérencieux.

Le séjour au milieu de malades sérieusement atteints, surtout dans une période épidémique de varioles graves, expose trop aux influences morbides pour qu'un nombreux personnel y échappe longtemps. Un directeur, un aumônier, des religieux, des élèves de l'Ecole vétérinaire, victimes de leur zèle, ont été pris de variole, après s'être exposés bravement au danger. Oui, bravement..! Car, si pour affronter la souffrance et la mort au milieu du fracas des batailles, il faut un courage élevé à une haute puissance, on peut dire, sans exagération, que pour se jeter froidement au milieu d'une épidémie meurtrière, il faut une grande énergie et une abnégation sans bornes.

Que tous ceux qui ont été nos collaborateurs, que ceux surtout qui ont souffert de leur zèle reçoivent l'expression de notre vive reconnaissance ; mieux que nous ne saurions le dire, nous apprécions leur conduite exemplaire ; mieux que tous les éloges, le souvenir du bien qu'ils ont fait marquera ce temps de labeurs et de souffrances comme une période méritoire de leur vie.

Un fait éminemment regrettable est à noter à l'Ecole vétérinaire. Une jeune fille de quinze ans est morte de la variole, après avoir reçu, peut-être, le *contagium* de son père, M. Roux, attaché à l'ambulance, et retenu, chaque jour, de longues heures au milieu des malades. Puissent nos cordiales sympathies et la peine que nous fit l'annonce d'un pareil malheur, apporter quelques soulagements au chagrin d'un homme de cœur, frappé dans ses affections les plus chères.

Une autre tombe a été creusée par le travail des ambulances : celle du docteur Peyraud. — Ancien médecin de l'Hôtel-Dieu, le docteur Peyraud avait renoncé depuis longtemps à la pratique médicale ; mais, ému des malheurs de la France et profondément touché des misères du soldat, il voulut sortir de la retraite. Sans consulter son âge déjà avancé, sans réfléchir aux exigences de sa santé chancelante, il se remit à l'œuvre et dirigea le service médical de l'ambulance de l'Archevêché. Là, comme autrefois dans les hôpitaux, il montra une intelligence élevée, riche de connaissances, un esprit sage et méthodique, un cœur d'une bonté inépuisable. Tous ceux qui l'ont connu diront avec moi que la bonté était empreinte sur son visage ; qu'elle se traduisait par ses paroles, et que tous ses actes portaient le cachet d'une extrême affabilité. Peyraud avait trop présumé de ses forces ; le travail, les rigueurs de la saison brisèrent sa constitution délicate ; il mourut, comme il avait vécu, en homme de bien, entouré de l'estime de tous, objet des regrets les plus sincères....

Je voudrais avoir qualité pour dire à MM. les Directeurs combien leur concours a été précieux à la marche de l'Œuvre. Leur tâche était lourde cependant, parsemée de difficultés incessantes. Organisation des salles, mouvement des malades, comptabilité, détails réglementaires : tout reposait sur eux et leur imposait un travail dont le mécanisme était encore à étudier. Que de fois leur patience a été mise à de rudes épreuves ; mais grâce à leur ferme volonté de réussir, les obstacles ont été surmontés, le succès a couronné leurs efforts, et le bien s'est fait dans une large mesure.

La Commission est unanime à reconnaître que ses relations avec MM. les Intendants ont été pleines d'aménité et de courtoisie ; qu'elle a trouvé, chez eux, toujours du bon vouloir en échange de ses intentions ; et que, en maintes circonstances, les prescriptions réglementaires ont été adoucies et mises, autant que possible, au niveau des exigences du moment.

Nous devons aussi constater que nous avons de grandes obligations à M. Olive, officier comptable de l'Hôpital militaire. Chaque jour, à toute heure, nous l'avons trouvé prêt à nous éclairer de ses conseils, à nous aider de ses moyens d'action ; son empressement à répondre à nos nombreuses demandes est resté inaltérable au milieu des fatigues et des préoccupations incessantes d'un travail écrasant.

La Commission se félicite de la mission de confiance qu'elle a reçue du *Comité Directeur ;* elle se souvient avec gratitude de l'appui bienveillant qui lui a été donné, soit pour chercher la solution d'une difficulté administrative, soit lorsqu'il s'est agi d'obtenir des fonds du *Comité répartiteur,* admirablement disposé d'ailleurs, à concourir au soulagement de toutes les infortunes engendrées par la guerre.

La Commission remercie M. le comte d'Espagny, Président du Comité lyonnais, de l'attention qu'il a prêtée aux ambulances sédentaires, du soin qu'il a pris de les soutenir, des visites qu'il y a faites ainsi que des paroles élogieuses qui ont rendu ses impressions.

Quant à moi, Messieurs, appelé par les circonstances à *présider la Commission des ambulances sédentaires*, je ne saurais assez dire combien j'ai été flatté de cet honneur. Je me suis trouvé réuni, avec bonheur, à des hommes intelligents, animés d'un véritable amour du pays ; à des hommes calmes et résignés au milieu des clameurs de la foule, attachés avec ardeur à un travail qui portait de bons fruits.

Si parfois, au sein d'une société tourmentée par les passions violentes, on se sent pris de découragement, on renaît bien vite à l'espérance en voyant les sentiments généreux que nourrissent les hommes d'ordre et de convictions.

Ces relations, établies pendant les malheurs de la patrie, laisseront entre nous, je l'espère, des liens d'amitié durables ; car, formés sous l'inspiration d'une idée généreuse, ils se sont resserrés par une estime réciproque.

Je n'oublierai, de ma vie, ces dix mois de collaboration ; je me rappellerai surtout le calme de nos séances, l'urbanité de nos discussions, la liberté laissée à chaque opinion de se produire, le désir sincère, de tous, de saisir la meilleure voie pour arriver au but.

Dans de pareilles conditions, la tâche présidentielle est facile à remplir ; mais, en retour, quelle dette de reconnaissance elle impose...!

Cette dette, Messieurs, je ne saurais l'alléger ; je l'accepte toute entière et j'aime à la sentir gravée profondément dans ma mémoire......

DESGRANGES.

10 novembre 1871.

www.ingramcontent.com/pod-product-compliance
Lightning Source LLC
LaVergne TN
LVHW022038080426
835513LV00009B/1115